AF337891

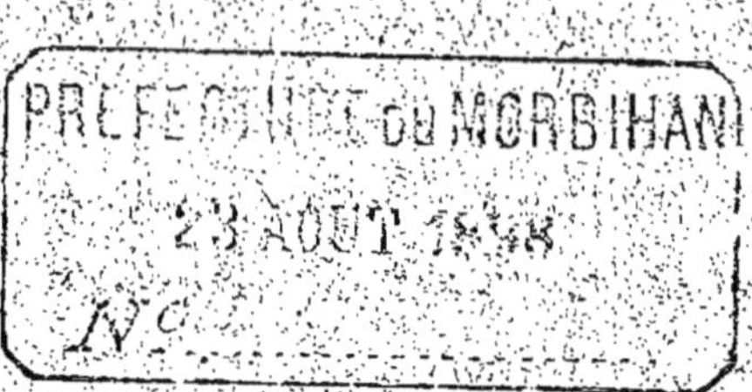

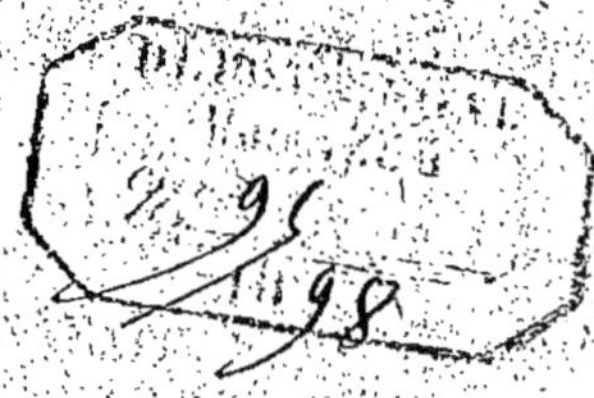

CHATEAUX DE VENDÉE

MESNARD-LA-BAROTIÈRE

PAR

RENÉ VALLETTE

VANNES

IMPRIMERIE LAFOLYE

1898

EXTRAIT DE LA

Revue du Bas-Poitou.

CHATEAUX DE VENDÉE

MESNARD-LA-BAROTIÈRE

PAR

RENÉ VALLETTE

VANNES

IMPRIMERIE LAFOLYE

—

1898

MESNARD-LA-BAROTIÈRE

LA tradition rapporte qu'une voie romaine passait au castel de la Barotière, venant de Poitiers, Mallièvre, le Mont-Mercure (Saint-Michel), et se dirigeait sur Nantes par *Durinum* (Saint-Georges-de-Montaigu) et *Deas* (Saint-Philibert-de-Granlieu). Ce chemin, après avoir traversé les Bois-Verts et la Barotière, venait aboutir au passage dangereux de la Forte-Ecuyère, où périt Bougon, duc d'Aquitaine, et franchissait le Bléson.

Parler de la Barotière, c'est faire l'histoire de ses seigneurs. On trouve dans dom Fonteneau la mention d'une donation de quelques rentes faite le 8 juillet 1243 à l'abbaye de la Grènetière par Aimeri Goyas, chevalier, seigneur de la Barotière, fils de Enjubaud Goyas.

Le savant bénédictin raconte également que, le 12 décembre 1272, Aimeri Goyas, chevalier, seigneur de la Barotière et de Badiole, choisit par son testament sa sépulture dans l'abbaye de la Grenetière et donna à cette intention aux religieux quelques septiers de seigle à prendre sur le fief Goyau.

En 1395, André Foucher, seigneur de l'Emantruère, se maria à demoiselle Marguerite de la Barotière, fille de Jean seigneur de la Barotière : elle lui porta en dot le Plessis Damiette et la Pacaudière.

Il serait difficile d'établir d'une manière authentique le passage de la terre de la Barotière entre les différents seigneurs qui la possédèrent. Les Maynard-Mesnard vont, du moins, nous présenter une filiation suivie.

Christophe Mesnard, chevalier, seigneur de la Vergne de Péault, la Vergne Cornet, la Rudelière, Saint-Gillet, les Gazons, les Ors, fit en 1640 acquisition de la Barotière. C'était un homme distingué et rempli de courage ; il fut pendant la Fronde un des lieutenants de son parent Gabriel de Chateaubriand, comte des Roches-Baritaud, lieutenant général lui-même pour le roi en Bas-Poitou. Colbert de Croissy, dans un rapport adressé à Louis XIV en 1664, parle de lui en ces termes : « Il y a en élection de Mauléon, un Mesnard, seigneur de la Barotière, qui a servi et a de 14 à 15,000 livres de rente ; a un fils marié sans le consentement de son père à la dame de la Charoulière. »

Le mariage de François Mesnard fut, en effet, tout un roman. La dame de la Charoulière était douée d'une grande beauté, mais son peu de fortune, les nombreux enfants qu'elle avait eus de son premier mari amenèrent inutilement les parents à demander à genoux à François Mesnard, leur fils aîné, de renoncer à cette union. La branche aînée de la famille, la branche des barons du Langon, seigneurs de la Bogisière, descend de ce romanesque mariage. François fut deshérité et cette exhérédation fut la cause de procès entre les différentes branches de la famille.

Christophe Mesnard s'était marié, le 21 juin 1620, à Catherine Gallier-Garnier, d'une famille parlementaire très riche. Il mourut, le 23 décembre 1665, et fut enterré dans l'ancienne église de la Barotière.

Christophe Mesnard appartenait à une de ces familles de simples gentilhommes du Bas-Poitou dont l'ancienneté est la même que celle des plus grandes races.

Le généalogiste Chérin, dans un Mémoire rédigé en 1772 pour les Preuves de cour, dit que cette maison se distingue par l'ancienneté de son origine. En effet, une charte conservée aux Archives de la Vendée mentionne un membre de cette famille parmi les chevaliers qui assistèrent vers 1050 à la fondation du prieuré de Fontaines, près de Talmond, et une série de chartes provenant des anciens couvents ou des châteaux du Talmondais constate l'existence de cette famille dès les XIe, XIIe, XIIIe et XIVe siècles dans les mêmes paroisses où la filiation suivie qui remonte à 1382 la trouve possessionnée. Elle compte parmi ses membres un gouverneur de la forteresse de Mareuil sur le Lay en 1365, et un écuyer de Jean de France, comte de Poitou, duc de Berry, frère de Charles V, en 1403. Mais ce qui sera son principal titre d'honneur, ce sera son dévouement sous toutes les formes à la branche aînée de la maison de Bourbon, pour laquelle elle prit les armes en émigration et en Vendée en 1793, en 1815 et en 1832.

La famille de Maynard-Mesnard est restée à l'époque des guerres de religion toujours fidèle à la foi catholique. Le nom, comme celui de toutes les familles dont l'orthographe pouvait varier sans que la consonnance fût sensiblement altérée, a été écrit Mainard, Mainnart, Maynard, Menartz, et Mesnard, et encore aujourd'hui tous les membres de la famille ne se sont pas entendus pour l'adoption d'une seule et même orthographe.

Christophe Mesnard est l'auteur de quatre branches : 1° celle des barons du Gué-Sainte-Flaive, éteinte sous Louis XV ; 2° celle des barons du Langon, devenue l'aînée ; 3° celle des comtes de Mesnard ; 4° celle des seigneurs de la Claye.

Pendant plus d'un siècle, les annales du bourg de la Barotière et celles des seigneurs n'offrent rien qui paraisse devoir être signalé, si ce n'est les touchants rapports inspirés par la charité chrétienne qui ne cessèrent d'exister entre les seigneurs et les habitants de la Barotière.

En 1766, Alexandre-Bonaventure de Mesnard, chevalier de Saint-Louis, arrière petit-fils de Christophe et qui avait pendant la Guerre de sept ans pris part aux batailles de Crevelt, de Lützelberg où il fut blessé et à celle de Corbach, obtint l'érection en comté de Mesnard de la terre de la Barotière, fut en 1772 breveté mestre de camp de cavalerie, nommé en 1777 capitaine des Gardes de la Porte de M. le comte de Provence, et en 1788 maréchal de camp.

Son fils aîné, le comte Edouard de Mesnard, capitaine en survivance des gardes de la Porte de Monsieur, épousa en 1784 Louise-Joséphine de Caumont-la-Force, petite-fille de la M⁴ᵉ de Caumont, gouvernante des enfants de M. le comte d'Artois. Mˡˡᵉ de Caumont-la-Force, dont le portrait a été conservé, était d'une grande beauté. Elle avait 12 ans lors de son mariage et son mari 17. Aussi raconte-t-on que M. et Mᵐᵉ de Mesnard allant, avec le Mˢ et la Mˡˢᵉ de Chabrillan, rendre visite au maréchal de Richelieu, le vieux maréchal leur dit galamment que le nombre de ses années dépassait celui réuni des jeunes visiteurs.

Le second fils, Charles de Mesnard, né à Luçon en 1769, fut en 1784 à l'École militaire de Paris, camarade de Napoléon Bonaparte. Par la loi des contrastes, des liens d'amitié se formèrent entre eux.

Nous arrivons à la Révolution française, qui devait en Vendée bouleverser toutes les existences.

La comtesse Edouard de Mesnard était à Valenciennes, lorsque M. le comte d'Artois y vint après la prise de la Bastille attendre ses fils, le duc d'Angoulême et le duc de Berry ; elle fut une des premières à émigrer avec sa sœur, la comtesse de Balbi.

Bientôt le comte de Mesnard, avec ses deux fils Edouard et Charles, prit lui-même le chemin de l'émigration. Il remplit quelque temps à l'armée des Princes les fonctions d'adjudant général. Lorsqu'il mourut à Coblentz, le 18 mars 1792, M. le comte de Provence, qui l'affectionnait beaucoup, lui fit faire de belles obsèques malgré la pénurie de ses ressources. Edouard et Charles de Mesnard, munis de faux passeports, traversant la France, vinrent à la Barotière porter des consolations à leur mère et à leur sœur, Mme de Mahé, à qui Edouard confia la garde de son fils, le petit Ladislas. Sa fille Zénobie était restée à Coblentz avec sa mère. Les deux frères parvinrent à s'embarquer à Boulogne pour Ostende, d'où ils gagnèrent l'armée des Princes et prirent part à la campagne de Valmy.

Bientôt la Vendée allait se soulever contre la Convention. La plus grande partie des habitants du bourg de Mesnard se joignit, soit à l'armée de Charette, soit à la grande armée vendéenne. Mme la comtesse de Mesnard, sa fille Mme de Mahé et le petit Stanislas suivirent la grande armée. Déjà le chevalier de Mesnard, seigneur de la Sicaudière, près Chantonnay, ancien officier à la Légion de *Damas* et beau-frère de Mme de Mesnard, avait été tué le 29 juin 1793 à l'attaque de Nantes. La marquise de la Rochejaquelein parle dans ses Mémoires du triste état dans lequel elle vit au passage de la Loire la comtesse de Mesnard, qui devait mourir à Ingrandes, et du dévouement de sa fille.

Pendant ce temps, la terre de Mesnard avait été mise sous le séquestre; mais, en raison du dévouement que les habitants du bourg portaient à la famille de leurs anciens seigneurs, aucun acquéreur de biens nationaux n'osait se risquer à l'acheter. Toutefois, le château fut incendié par deux soldats républicains du camp des Quatre chemins de L'Oie. Cet incendie ayant été commis pendant une trêve, les deux coupables furent passés par les armes.

Revenons au comte Edouard de Mesnard. Après avoir vécu

de privations en Angleterre, il se fit déposer en 1796 par une
frégate anglaise au Clos-Poulet et vint combattre en Bre-
tagne, où la lutte était encore vive. Il fut blessé et se rendit
secrètement à Paris pour tâcher d'amener Barras à des
projets de Restauration. M. de Mesnard, dénoncé par le
chirurgien qui l'avait soigné, fut arrêté à Passy et traduit le
10 octobre 1797 devant une commission militaire siégeant à
l'Hôtel-de-Ville de Paris et formée par le général Moulin qui
avait pris une si grande part aux guerres sanglantes de la
Vendée, et par le général Lemoine, commandant de la place
de Paris, l'ancien organisateur des odieuses commissions
militaires qui avaient condamné en masse les prisonniers
de Quiberon.

Malgré tous les efforts que fit la femme du général Bonaparte pour le sauver, le comte Edouard de Mesnard fut condamné à mort. Quant à Barras, qui avait paru se prêter à ses
ouvertures, il l'avait lâchement abandonné. Edouard de Mesnard fut fusillé, le 12 octobre 1797, dans la plaine de Grenelle,
après avoir refusé de se laisser bander les yeux. L'*Echo de
l'Europe,* du 19 octobre 1797, rendit compte de sa mort héroïque. Comme il traversait le boulevard, conduit en charrette,
il aperçut à deux pas de lui dans la foule le marquis de Galard, qui venait de rentrer d'émigration. Au lieu de chercher
instinctivement un regard de sympathie dans les yeux de son
ami, M de Mesnard eut la présence d'esprit de détourner la
tête. Le marquis de Galard, mort en 1871 à 97 ans, racontait
avec émotion qu'il lui avait dû la vie.

La comtesse Edouard de Mesnard était rentrée plusieurs
fois en France. Nous la trouvons à Nantes, en 1797, s'occu-
pant avec sa belle-sœur Mme de Mahé, à racheter la terre de
famille sequestrée. Toutefois sa sœur, la comtesse de Balbi, si
connue par l'admiration qu'avait pour son esprit le comte
de Provence, ayant été expulsée de Paris, le 19 août 1806, à
la suite d'un déjeuner pendant lequel on s'était égayé aux
dépens de la cour Impériale, Mme Edouard de Mesnard crai-

gnant d'être inquiétée parvint quelques jours après à obtenir un passeport pour la Hollande ; de là elle s'embarqua pour l'Angleterre où elle devait rester jusqu'à la Restauration.

Nous avons vu que le comte Edouard de Mesnard retournant en 1792 à l'armée des Princes avait confié son fils Ladislas, tout enfant, à sa sœur qui était restée à Mesnard.

Huit années entières, Ladislas de Mesnard trouva protection et sûreté près de Mme de Mahé. Au milieu de l'incendie et du carnage, au sein de la misère la plus profonde, il ne connut, grâce à elle, ni dangers ni besoins.

Mme la comtesse de Provence, qui n'oublia jamais le dévouement du comte Edouard de Mesnard à la cause des Bourbons, s'occupa toujours de son avenir. Dans une lettre datée du 5 avril 1807 qu'elle écrivait de Mittau à son oncle, le comte Charles de Mesnard, alors en Angleterre, elle exprimait l'espoir que Ladislas entrerait comme cadet dans la cavalerie Russe et promettait de le recommander à l'Empereur Alexandre et au grand duc Constantin.

En effet, Ladislas de Mesnard ne voulut pas servir la France qui avait été si cruelle pour son père ; il prit du service en Russie et y mourut pendant la campagne de 1813.

La sœur de Ladislas fut élevée par sa tante, la comtesse de Balbi. Elle épousa en 1808 à Montauban le marquis de Lordat d'une grande famille du comté de Foix, qui ayant embrassé les doctrines des Albigeois, eut jadis beaucoup à souffrir, lors de la croisade de Simon de Montfort. La marquise de Lordat est morte à Versailles dans un âge avancé, en 1867.

Revenons maintenant au comte Charles de Mesnard. Sous-lieutenant aux carabiniers, en 1786, il fut présenté à la cour et admis à monter dans les carrosses. En 1784, il était capitaine au régiment de Conti-Dragons. Lors du départ de Louis XVI pour Varennes, il fut arrêté au Luxembourg où demeurait son frère aîné qui était attaché à la maison de Monsieur. Remis en liberté quelque temps après, il rejoignit l'armée des Princes et fit dans les gardes du corps du Roi la campagne de 1792. Charles de Mesnard se retira en Angleterre, lorsque l'armée des Princes fut licenciée et vécut à Londres en copiant de la musique et des cartes de géographie. Nommé capitaine au service de la Grande-Bretagne, dans un régiment commandé par le comte de Périgord, il rejoignit son corps en Hollande pendant le rigoureux hiver de 1794 à 1795 et revint bientôt en Angleterre pour y recruter les Français qui devaient composer sa compagnie. Il fit alors partie de l'expédition de l'Ile-d'Yeu et retourna en Angleterre après qu'elle eut échoué. Lors du licenciement du régiment de Périgord, M. de Mesnard après avoir tenté vainement de passer aux Indes quitta l'Angleterre, en 1797.

C'est à Altona, à l'occasion de la mort de son frère fusillé comme nous l'avons vu à Grenelle, qu'il reçut la lettre suivante de Louis XVIII :

A Blackenbourg, ce 30 novembre 1797.

J'ai déjà appris, Monsieur, avec une véritable douleur l'assassinat de Monsieur votre frère et je prends une part bien sincère à votre juste affliction ; je ne pourrai jamais dédommager ses enfants de la perte qu'ils viennent de faire, mais j'y travaillerai du moins dans des temps plus heureux. Si vous pouvez avoir quelques communications avec Madame votre belle sœur (la Ctesse de Mesnard) je vous prie de l'en assurer et de lui parler en même temps des sentiments qu'elle me connaît depuis longtemps pour elle.

Soyez également persuadé, Monsieur, de tous ceux que j'ai pour vous,
LOUIS.

Louis XVIII, monté sur le trône, fut fidèle à sa promesse et la haute faveur avec laquelle M. le duc de Berry accueillit en Angleterre, pendant l'émigration, le comte Charles de Mesnard, fut la récompense du dévouement, avec lequel son frère était venu à Paris au péril de sa vie pour servir la cause de la restauration monarchique.

Le comte Charles de Mesnard, appelé près de Mme la comtesse de Provence, resta auprès de cette princesse de 1800 à

1802. Bien que dans le plus complet dénuement, il déclina en 1802 les offres que son ancien condisciple de l'École militaire lui fit faire d'une place dans sa Maison. Renonçant à l'avenir brillant qui s'offrait à lui, mais qui était incompatible avec ses convictions politiques, il se rendit à Londres où Mgr le duc de Berry lui fit bientôt l'honneur de l'admettre dans son intimité. En 1806, le comte de Mesnard épousa la jolie Miss Sarah Mason, veuve du major général anglais Blondell, qui lui apporta une fortune indépendante. En 1813, il accompagna M. le duc de Berry, à Jersey et ensuite à Cherbourg, d'où il eut l'honneur d'être envoyé par ce prince à Navarre, afin d'offrir à l'impératrice Joséphine les bons offices de la famille royale. Mission particulièrement douce à remplir pour lui, encore tout au souvenir des généreux efforts qu'avait tentés Joséphine en 1797, pour arracher son frère à la mort.

A la Restauration, M. de Mesnard reçut le brevet de colonel, fut promu chevalier de Saint-Louis, aide-de-camp et gentilhomme d'honneur de M. le duc de Berry. En 1815, il suivit le roi à Gand. En 1816, M. de Mesnard fut nommé premier écuyer de Mme la duchesse de Berry et fut au nombre des personnes de sa Maison qui furent envoyées à Marseille au devant de la princesse. Attaché à l'inspection de la première division militaire en 1816 et en 1818, commandant du département d'Eure-et-Loire, M. de Mesnard était aux côtés du duc de Berry lors de l'assassinat de ce prince, et c'est à lui qu'il remit le poignard arraché tout sanglant de sa poitrine. A sés obsèques à Saint-Denis, c'est également lui qui eut l'honneur de porter l'épée du prince.

Nous avons vu que la terre de Mesnard, séquestrée par la Révolution, n'avait pas pu trouver d'acquéreur. Mme de Mahé la racheta, le 17 germinal an VI, et, après la mort de son neveu Ladislas qui sans la Révolution aurait dû en hériter, la céda au comte Charles de Mesnard à qui sa femme prêta l'aide de sa fortune, bien que protestante, pour y fonder une école de religieuses. M. de Mesnard convertit en une modeste mais confor-

table habitation à l'anglaise les communs de l'ancien château
de Mesnard, dont il ne restait qu'une tour et une délicieuse
chapelle de style ogival ornée de l'écusson de la famille et de
ceux des familles alliées, que sa petite-fille Caroline de Mesnard
devait plus tard faire restaurer.

A la naissance de M. le duc de Bordeaux, M. de Mesnard
fut attaché au jeune prince en qualité d'aide de camp; nommé
gouverneur du château de Rosny en 1823, Louis XVIII le fit
pair de France. Le roi de Naples, François, Ier le fit Grand
Croix de l'ordre de Saint-Constantin et de l'ordre de Saint-
Ferdinand. Le 3 juin 1827, Charles X lui conféra le cor-
don bleu avec la promesse d'un titre de duc. Choisi pour être
président du deuxième collège électoral de la Vendée, il remplit ses fonctions avec une impartialité à laquelle les journaux
rendirent justice. A cette occasion, Mme la duchesse de Berry,
étant au château de Rosny, adressa le 30 septembre 1827 la
lettre suivante au comte de Mesnard :

« Après vous avoir envoyé, mon cher Monsieur de Mesnard, la
statue du chevalier sans peur ny reproches, comme à mon chevalier,
à qui puis-je mieux envoyer celle du meilleur comme du plus franc des
amis qu'à vous qui, dans son même château, auprès de la petite fille
de son roi et meilleur ami, vous êtes pour elle un ami aussi sûr,
fidèle, franc chevalier ne craignant pas de la blesser en lui disant des
vérités désagréables, mais que l'on ne dit pas assez aux Princes et
que suis trop heureuse lorsque l'on veut bien me les dire ? Sully
le bon, le brave Sully a été l'ami intime du bon Henri jusqu'à sa
mort, vous serez celui de votre amie.   « CAROLINE. »

M. de Mesnard accompagna Madame dans les voyages
qu'elle fit dans l'Ouest et le Midi de la France. Lors de son
voyage, en 1828, en Vendée, Mme la duchesse de Berry fit au
comte de Mesnard l'honneur de venir déjeûner, le 5 juillet,
au château de Mesnard: Tous les habitants du bourg avaient
jadis pris part aux guerres de la Vendée. En souvenir de tant
de dévouement, Madame voulut ouvrir un bal champêtre avec
un vétéran du bourg de Mesnard. Une des dernières fêtes de

la Restauration devait être le bal costumé représentant la cour de François II et de Marie Stuart, que Mme la duchesse de Berry donna aux Tuileries dans les appartements de la duchesse de Gontaut, le 2 mars 1829. Le comte de Mesnard qui avait alors soixante ans, représenta le vieil amiral de Coligny.

M. de Mesnard était en Vendée, lors de la révolution de 1830. Il rejoignit aussitôt la cour à Rambouillet, s'embarqua avec elle à Cherbourg et reçut à son arrivée à Londres, des ministres du roi d'Angleterre, la mission de remettre à Charles X une lettre par laquelle Guillaume IV engageait ce prince à se rendre au château de Lulworth, en attendant que le Gouvernement anglais pût lui offrir une résidence plus royale.

M. de Mesnard, après avoir repris ses fonctions auprès de Mme la duchesse de Berry, accompagna cette princesse dans ses divers voyages en Angleterre et à Holyroal, l'antique palais des Stuart, et fut chargé de liquider ses dettes et de prendre des arrangements pour la terre de Rosny. Il suivit Madame en Hollande et en Italie, à Rome et à Massa, s'embarqua sur le *Carlo-Alberto*, descendit avec elle auprès de Marseille et, tout en s'efforçant de la dissuader d'une entreprise téméraire, l'accompagna dans son expédition en Vendée et fut arrêté avec la Princesse à Nantes, dans la maison de Mlles de Guiny, le 7 novembre 1832. Conduit à Blaye, puis à Montbrison, comme ayant pris part à l'expédition du *Carlo-Alberto*, il fut acquitté par le jury sur la belle plaidoirie de Me Hennequin.

C'est le lieu de dire quelques mots de l'admirable dévouement que le comte de Mesnard prouva alors à la famille royale.

Mme la duchesse de Berry avait contracté à Rome, le 14 décembre 1831, un mariage avec le comte Hector-Charles de Lucchesi-Palli de Campo Franco, qu'elle avait tenu secret, même pour son premier écuyer qui cependant, dans ses *Souvenirs intimes*, raconte qu'il vit le comte de Lucchesi-Palli venir à Rome rendre visite à Madame. Pendant le séjour que M^m la duchesse de Berry fit à Nantes chez Mlles du Guiny, du 14 juin au 7 novembre 1831, le comte de Lucchesi Palli était venu sous un déguisement, de la Haye où il était chargé d'affaires de Naples, visiter la princesse. Mme la duchesse de Berry qui rêvait toujours, même captive à Blaye, de recommencer comme l'avait fait jadis en Ecosse David Bruce, ses héroïques entreprises, avait un intérêt de premier ordre à cacher son mariage et la grossesse qui en était résultée, la publicité donnée à cette union devant lui faire perdre de fait la régence et surtout lui enlever toute influence politique. Le gouvernement de juillet fit connaître, par un calcul machiavélique qui excita l'indignation des honnêtes gens de tous les partis, en la publiant au *Moniteur* du 26 février 1833, la déclaration que Madame avait faite à Blaye, le 22 février d'un mariage secret contracté en Italie et que la monarchie de juillet lui avait promis de ne pas divulguer.

Voici la lettre accablante pour le gouvernement qu'à cette même date du 22 février, Madame, écrivit à son fidèle serviteur, le comte de Mesnard, captif dans la maison d'arrêt de Montbrison, en attendant d'être jugé par la Cour d'assises :

« Les vexations, l'ordre positif de me laisser avec des espions, la certitude de ne sortir qu'au mois de septembre ont pu seuls me décider à la déclaration de mon mariage secret, ne pouvant plus cacher mon état pour mon honneur et celui de mes enfants. Si je restais ici, je mourrais ; mon âme a pu s'élever jusqu'à désirer la gloire et je me suis senti le courage de tout faire pour en acquérir ; mais ce sentiment ne m'a été inspiré que par l'amour pour mes enfants et pour la France que j'aimais, malgré tous les malheurs que j'y ai éprouvés, que j'aime encore et pour la prospérité de laquelle je souhaite tout le bonheur auquel j'aurais tant voulu contribuer ; mon ambition n'a jamais eu un autre motif. Vous savez et ceux qui me connaissent bien savent comme vous, quels sont mes goûts : ils savent que j'aime les arts ; ils savent comme vous que, jeune encore, je pouvais me passer de plaisirs bruyants. M'a-t-on vu quelque part plus heureuse qu'à Rosny ? J'aurais voulu y passer ma vie, si j'a-

vais pu y avoir mes enfants et quelques amis ; mais le bonheur
m'est ravi aussi bien que la gloire. Ah ! mon Dieu comme cela est
triste ! »

Le mariage de Madame la Duchesse avait été tenu si secret,
que sa divulgation causa une déception et une consternation
inexprimable parmi les légitimistes : ils y virent la ruine des
espérances que l'héroïque expédition de Madame en Vendée leur avait fait concevoir. Comme l'a éloquemment écrit
l'historien de Mᵐᵉ la Duchesse de Berry, M. Imbert de Saint-
Amand : « Le temps a ratifié les paroles de M. Hennequin,
avocat de M. de Mesnard à Montbrison, justice est rendue
aujourd'hui à la mémoire du comte Charles de Mesnard qui
comprit — ce sera son honneur éternel — que la plus grande
preuve de respect qu'il pût donner à l'auguste captive, c'était
de mépriser la calomnie dont il fut victime dans un moment
d'affollement général. Plusieurs personnes, dont la parole fait
autorité, et parmi elles Mˡˡᵉˢ du Guiny, ont de tous temps
rendu hommage à la *fidélité courageuse* du comte de Mesnard,
selon l'éloquente expression de M. de Chateaubriand, dans
une lettre adressée au vieux serviteur de Madame, alors détenu à Montbrison. On dit même que si l'on savait tout ce
que M. de Mesnard eut injustement à souffrir, sa chevaleresque conduite aurait droit à une place touchante dans les
annales de notre temps. Charles X avait promis un titre de
duc au compagnon d'exil de M. le duc de Berry. La révolution
de 1830 empêcha le roi de lui conférer cette distinction. Mais
une récompense plus haute était réservée au vieux gentilhomme Vendéen : il eut la noble satisfaction d'avoir donné
des preuves d'un dévouement sans bornes, et dont l'histoire
offre peu d'exemples, à la famille royale qui, à ses yeux, sym-
bolisait la France, comme pour un soldat le drapeau du régiment est le symbole de la patrie. C'est avec raison que M. de
Pène, dans son livre sur le comte de Chambord a placé le
comte de Mesnard au premier rang parmi les hommes qui
rivalisèrent de dévouement pour Mᵐᵉ la duchesse de Berry. »

A sa sortie de Montbrison, M. de Mesnard, obtint une audience du Roi Louis-Philippe dans laquelle, après avoir insisté sur l'insalubrité pour Mme la duchesse de Berry de l'humide citadelle de Blaye, il rappela délicatement à ce prince l'accueil si généreux que lui avait fait pendant l'émigration en Angleterre M. le duc de Berry, et les faveurs dont la famille royale, et Madame en particulier, l'avaient comblé pendant la Restauration. M. de Mesnard insista également sur la situation dans laquelle se trouvait la monarchie de juillet, qui, ayant pour elle l'opinion et une armée de 400,000 hommes, pouvait impunément se montrer généreuse. Tout fut inutile ; il lui fut impossible d'obtenir la mise en liberté immédiate de la princesse captive. Quelque temps après, M. de Mesnard reçut une lettre datée du 22 mai de Blaye, qui fait autant d'honneur à la Princesse qui l'a écrite qu'à celui auquel elle était adressée, et dans laquelle Madame rendait un sincère hommage à son chevaleresque et admirable dévouement... (1)

« Je pense bien à tout ce que vous m'avez dit pour mon fils et pour
« ceux qui lui sont dévoués et dont plusieurs m'ont donné tant de
« preuves d'intérêt. Je vous ai fait connaitre, depuis nos malheurs,
« mon intention de me retirer entièrement de la vie politique. Que
« veut-on que je fasse ? N'ai-je pas tout entrepris ? Je n'ai réussi à
« rien; je n'ai reculé devant aucun danger, j'en suis la victime ; et
« j'ai à gémir aussi sur le sort de ceux qui se sont attachés à ma mau-
« vaise fortune. Je suis née malheureuse. Peut être que mon fils et la
« France auront plus de chances de bonheur, lorsque je ne ferai plus
« que des vœux. Ne me parlez plus de les servir autrement. Ah ! mon
« cher et ancien ami, cette longue détention, l'isolement de mes amis,
« le malheur enfin ont brisé mon cœur : je crois que je n'aurais plus
« même le courage que vous avez admiré quelquefois. J'ai bien
« besoin des consolations de l'amitié et je compte bien sur la vôtre.
« Comptez à jamais sur la mienne, quel que soit mon sort. »

MARIE-CAROLINE.

(1) Le Comte de Mesnard, dans ses *Souvenirs intimes*, s'est borné, par un sentiment qu'on appréciera, à donner cette partie, que nous reproduisons, de la lettre de Madame.

M. de Mesnard obtint enfin, grâce à de nombreuses dé-
marches, et non sans qu'on opposât à sa demande de grandes
difficultés qui font peu d'honneur au gouvernement d'alors,
la faveur d'aller reprendre ses fonctions auprès de la prison-
nière de Blaye. La correspondance qu'il eut à ce sujet avec le
maréchal Soult est pleine de dignité. Madame, avant de quitter
la citadelle fit à son premier écuyer le don précieux d'un livre
de piété sur lequel elle avait pendant sa captivité écrit de sa
main de touchantes prières. A sa sortie de Blaye, M. de Mesnard accompagna la princesse en Italie, la suivit à Rome et
à Florence. Comme elle voulait venir en aide aux personnes
qui s'étaient compromises pour elle en Vendée, Madame le
chargea, en septembre 1833, de se rendre à Londres pour y
faire opérer la vente des objets d'art et des bijoux qu'elle
avait laissés en Angleterre, ainsi que de la galerie de ta-
bleaux de l'Elysée Bourbon. Il devait, du reste, jusqu'à sa
mort s'occuper en France des intérêts de Madame, qui entre-
tenait avec lui une correspondance très suivie.

M. de Mesnard vit la fin de sa vie empoisonnée par la perte,
en 1836, de sa fille, la comtesse de Rosambo, personne accom-
plie, qu'il chérissait profondément. Telle était sa touchante
affection pour sa fille, que lui qui avait si injustement souf-
fert d'une calomnie odieuse, il disait à un de ses amis, M. Cu-
chelet, qui venait d'éprouver une douleur semblable, « qu'avant
la mort de Mme de Rosambo, il ne savait pas ce que c'était que
le malheur » M. de Mesnard qui avait été fort beau, était
resté, même dans les entraînements de sa jeunesse, toujours
profondément attaché à la foi de ses pères. Il devait y puiser
une force d'âme qui le soutint dans les épreuves.

Les plus hautes consolations ne lui firent pas défaut non
plus. Il reçut notamment de Mme la duchesse de Berry ce
précieux témoignage de sa royale sympathie, qu'il portait
toujours sur lui,:

Lunbegg, 25 septembre, 1836.

Que je vous plains, mon cher ami, de l'affreuse perte que nous avons éprouvée. Votre ange qui prie au Ciel pour nous est bien plus heureux que ceux laissés ici-bas ; mais vous, sa bonne mère, son mari et ses pauvres petits — oh! oui, c'est vous que je voudrais pouvoir consoler. Si l'idée que votre douleur est partagée par une sincère amie, peut l'adoucir, vous pouvez bien être sûr que j'en ai été profondément affligée. Dieu seul peut vous donner la force de supporter un pareil malheur. Vous pouvez croire que je le demande pour vous. Tout ce que vous m'avez écrit dans vos deux lettres du 30 août et du 7 septembre m'a vivement touchée de la résignation et de l'attachement de cette pauvre Aglaë pour moi. Quelle belle mort ! C'est une sainte, comme elle avait été un ange pendant sa vie. Soyez mon interprète auprès de votre bonne femme, je conçois sa douleur de mère ; mais conservez-vous tous les deux pour vos petits enfants, pour Ferdinand pour vos amis, desquels j'espère que vous me mettrez à la tête.

Adieu, mon cher ami, croyez à toute ma vieille amitié.   M. C.

Lorsque le comte de Mesnard mourut à Paris, le 18 avril 1842, à la suite d'un refroidissement qu'il avait pris en allant prier à Picpus sur la tombe de sa fille, la princesse consacra les plus vifs regrets à la mémoire du vieux gentilhomme vendéen qui lui avait donné des preuves si touchantes de dévouement. Vingt-huit ans après, quelques semaines avant sa mort, au moment où elle faisait mettre en ordre ses papiers à Brunsée, la correspondance de M. de Mesnard lui tomba entre les mains, elle voulut en relire plusieurs lettres et ce fut pour elle une dernière occasion d'exprimer en termes émus la profonde reconnaissance que le fidèle serviteur lui avait inspirée.

Le comte de Mesnard, dont le frère ainsi que nous l'avons dit, avait été fusillé à Grenelle en 1797, repose dans le cimetière de Picpus, réservé aux familles des victimes de la Révolution. A droite de sa tombe, se trouve placée celle d'un Chateaubriand, neveu de l'auteur du *Génie du Christianisme* qui, devançant le jugement de l'avenir, écrivait en 1833 à M. de

Mesnard détenu à Montbrison : « Votre fidélité courageuse aura sa récompense. »

Les *Souvenirs intimes* du premier écuyer de Mme la duchesse de Berry ont été publiés à Paris en 1844, avec une préface de Mme Mélanie Waldor qu'il avait chargée du soin de les faire paraître après lui. Rédigés sous forme de lettres, ces Mémoires qui s'étendent de 1792 à 1837, abondent en détails aussi exacts qu'intéressants et se distinguent par un style facile, exempt de toute recherche, plein de cette bonne grâce naturelle dont l'ancienne génération possédait le secret.

Parlant du talent épistolaire du comté de Mesnard, il nous semble à propos de rappeler ici que sa famille s'est alliée aux Mauclerc, aux du Fouilloux, aux Lézardière, aux Baudry d'Asson, aux de Hillerin, aux Caumont la Force, familles qui elles-mêmes comptent parmi leurs membres des écrivains distingués.

Le comté de Mesnard avait eu de sa femme, née Sarah Mason, la belle veuve du général Blondell, • deux enfants :

1° Elisabeth-Aglaé, née en Angleterre le 17 avril 1807, mariée en 1825 à Ludovic le Peletier, comte de Rosambo, fils du marquis de Rosambo et de Henriette d'Andlau, décédée en 1836.

Au moment de son mariage, la comtesse de Rosambo avait été nommée dame d'honneur pour accompagner Mme la duchesse Berry.

2° Charles-Ferdinand-Windsor, comte de Mesnard, né en Angleterre le 31 mai 1809, qui se distingua en Vendée en 1832 par sa brillante valeur au combat du Chêne pendant que ses cousins, M. de Maynard de la Maison Rouge et son fils Benjamin de Maynard, ancien page de Charles X, étaient condamnés à mort par contumace pour avoir été parmi les premiers à répondre à l'appel de Madame. Le Comte Ferdinand de Mesnard mourut à Paris en 1862. Il avait épousé, en 1829,

Flora de Bellissen fille du marquis de Bellissen et de Mlle de la Gallissonnière, petite nièce de l'illustre amiral de ce nom. Il eut de ce mariage : Marie-Caroline de Mesnard qui eut l'honneur d'avoir pour parrain et marraine. le roi de Naples François Ier et S. A. R. Mme la duchesse de Berry.

La vie de Mlle Caroline de Mesnard a été entièrement consacrée à faire le bien. Son père, après la mort de sa mère, avait fait rebâtir le château de Mesnard dans le style de la Renaissance ; elle-même fit construire à Mesnard-la-Barotière une magnifique église dans le style du XIIIe siècle, par un habile architecte de Nantes, M. Boismen. L'inauguration de cette église et celle des écoles libres pour les garçons et les jeunes filles du bourg eurent lieu avec une grande solennité. les 29 et 30 juillet 1884, en présence de Mgr Colet, évêque de Luçon, mort archevêque de Tours. Trois ans après, la comtesse de Mesnard, qui avait associé sa fille à ses bonnes œuvres et qui avait été l'amie de Mme Swetchine, du Père Lacordaire, du comte Armand de Melun et de Mgr Mermillod, mourait subitement le 10 septembre 1889 à Genève, âgée de 80 ans. Les habitants de Mesnard-la-Barotière devaient revoir pour la dernière fois leur sainte bienfaitrice, Mlle Caroline de Mesnard, à l'occasion d'un service que célébra Mgr Catteau, évêque de Luçon. le 22 novembre 1887 pour Mme la comtesse de Mesnard, sa mère.

Mlle de Mesnard, pour aller à l'église, donna le bras à son parent, notre éminent ami, M. le baron de Mesnard, ancien Chargé d'affaires de France à Lisbonne, qui représentait la famille de Maynard-Mesnard. Quelques mois après, Mlle de Mesnard devait s'éteindre elle-même en odeur de sainteté. le 27 janvier 1888, au château de Montbeton, près Montauban, au moment où elle allait revenir à Paris pour rapporter à Montbeton le corps de son père enterré à Picpus, et que dans une pieuse pensée elle voulait réunir à celui de sa mère, précédemment inhumée dans le cimetière de ce village.

Mlle de Mesnard, dont la sainte vie avait été vouée au service de Dieu et à celui des pauvres, a par son testament affecté la terre de Mesnard à des œuvres pieuses.

Les armes de la maison de Maynard-Mesnard sont *d'argent fretté de six pièces d'azur*. Elle a pour devise *Pro Deo et Rege* : devise à laquelle le comte Charles de Mesnard s'est montré fidèle, avec une abnégation aussi chrétienne que chevaleresque.

Vannes. — Imprimerie LAFOLYE.

www.ingramcontent.com/pod-product-compliance
Lightning Source LLC
Chambersburg PA
CBHW060049090726
47597CB00012B/3503